Dr. Michael Lohmann

StörcHe

Impressionen aus dem
Leben Adebars

Foto auf den Vorsatzseiten:
Die intensiv genutzten Landschaften
Mitteleuropas bieten dem
Weißstorch keine ausreichenden
Lebensgrundlagen mehr.

Foto Seite 3:
Das Schnabelklappern des Storchs
ist ein Zeichen von Erregung.
Es drückt Freude ebenso aus wie
Ärger – menschlich gesprochen.

Foto Seite 4/5:
... watet durch die Sümpfe,
wie es im Kinderlied heißt.
Die langen Beine sind dabei
von Vorteil.

Störche lieben einen guten
Überblick. In der flachen Feldflur
genügt dafür ein Zaunpfosten.

Inhalt

Im Segelflug um die halbe Welt

Zwischen Mitte März und Anfang April kehren sie von ihrer langen Winterreise zurück, die großen Schreitvögel mit dem »schwarzweißen Röcklein«. Das ist kein großes Schauspiel wie die Abreise, wenn die Störche größere Trupps bilden, einige Tage noch zusammen Futter suchen, auf einem Scheunen- oder Kirchendach oder auch auf den Gittermasten von Überlandleitungen rasten und nächtigen und schließlich an einem sonnigen Vormittag, wenn die erste Warmluft aufsteigt, gemeinsam losziehen und segelnd und kreisend an Höhe gewinnen, bis sie im blassen Blau des Septembertages dem Blick entschwinden.

Nein, die Rückkehr ist eher unspektakulär – zumindest seit die Ankunft der Störche nicht mehr vom Türmer mit Hornsignalen verkündet wird, wie das früher in manchen Städten der Brauch gewesen sein soll. Die Zeiten sind vorbei, als die Rückkehr der schwarzweiß-roten Vögel von gleichgefärbten Feuilletonisten wohl reichlich übertreibend besungen wurde als Anlaß für »gelinden Aufruhr der allgemeinen

Der letzte Frühjahrsschnee: Das ist kein freundlicher Empfang! Da müssen die Störche an Ufern nach Nahrhaftem suchen – wobei sie sich die weiße Weste beschmutzen.

Volksseele in Dorf und Städtchen, wenn der erste Storch – ach, der hübsche Vogel! – wiederkommt.« Eine Hymne auf Heimattreue und Frühling, die in dem Satz gipfelte: »Selbst der Greis knüpft an sein Wiedererscheinen frohe Hoffnungen.«

Solch vaterländischem Pathos gänzlich abhold, betrachten wir die Heimkehr der Störche sachlicher und stellen fest, daß die Männchen in der Regel vor den Weibchen heimkehren – sofern man das erkennen kann, denn die Geschlechter sind bei Storchens nicht zu unterscheiden. Sogar sie selber scheinen damit gelegentlich Schwierigkeiten zu haben, wie wir von rein männlichen und weiblichen Paaren wissen, denen Nachwuchs versagt blieb. Sie kommen also einzeln und daher meist ganz unauffällig an. Aus großer Höhe schraubt sich der Storchenmann herab und läßt sich auf dem im Herbst verlassenen Horst nieder, als käme er nur eben von der Nachbarswiese. Die Strapazen der langen Reise merkt man ihm nicht an. Und als wäre er nie fort gewesen, beginnt er gleich an dem von den Winterstürmen in Unordnung geratenen Horst herumzuflicken.

Da die Menschen nun einmal ihre Orakel brauchen, um das Unerklärliche zu erklären, um dem Zufall einen

Mittagsrast in Anatolien. Unterwegs ist man gern gesellig. Und eilig hat man es auch nicht.

*Storchen-Portrait. Nachdenklich und geheimnisvoll,
weise und welterfahren wirken diese Vögel.
Sicher ein Grund für die vielen Sagen und
Geschichten, die um sie ranken.*

Grund zu geben, bediente sich die Landbevölkerung auch des Storches für ihre Zwecke – wenn auch vielleicht nicht immer so ganz im Ernst. Da besagte etwa eine alte Bauernregel, daß man aus dem Anblick des ersten Storches im Jahr Schlüsse ziehen könne auf das eigene Geschick. Trifft man ihn das erste Mal stehend oder gar schlafend, so wirds ein faules, nicht ertragreiches Jahr. Sieht man ihn nach seiner Rückkehr aber zum ersten Mal im Fluge oder bei eifriger Wiesenjagd, so wirds ein tüchtiges Jahr. Klappert der Storch aber bei der ersten Begegnung, so wird viel zu Bruch gehen im Laufe des Jahres, sofern man nicht geschwind den Finger in die Erde steckt. Eine andere Regel empfiehlt, mit den Münzen im Hosensack dagegen zu klappern, das käme der Kapitalakkumulation zugute.

Zum Weißstorch *(Ciconia ciconia)* haben die meisten Menschen in fast allen Ländern, wo er vorkommt, ein besonderes Verhältnis. Irgendwie wirkt der große, gravitätische Vogel sympathisch und auch ein wenig ehrfurchtgebietend. Politischem Haß und Eifer gelingt es freilich, selbst solche Gefühle in ihre Gegenteil zu verkehren: Übereinstimmend berichten der alte Brehm und sein Zeitgenosse C. G. Friderich in seiner »Naturgeschichte der Deutschen Vögel«, daß die Griechen den in der Türkei hoch angesehenen Storch »als Türkenvogel fast gehaßt und verscheucht« hätten, weshalb man »in Nauplia, Patras, Syra und Athen keinen mehr« fände.

Das besondere Verhältnis der Menschen zum Storch hängt natürlich vor allem auch damit zusammen, daß sich kein anderer Wildvogel dieser Größe dem Menschen so angeschlossen hat. Störche brüten ja nicht nur vertrauensvoll auf unseren Dächern, sie stolzieren auch ohne Scheu hinter Pflug und Kreiselmäher her, um Insektenlarven und Würmer aus den Schollen und allerlei verletztes Getier aus der Wiese zu picken. Da sie allenfalls auf dem Zug und im Winterquartier bejagt werden, sind sie überhaupt wenig scheu. Und wenn sie doch die Flucht ergreifen, so tun sie es ohne Eile – würdevoll gewissermaßen, wie alles, was sie tun.

»Er weiß sich«, schreibt Naumann, der Nestor der deutschen Vogelkunde, »in die Zeit und in die Leute zu schicken, übertrifft darin fast alle übrigen Vögel, und ist keinen Augenblick darüber in Zweifel, wie die Menschen an diesem oder jenem Orte gegen ihn gesinnt sind. Er merkt gar bald, wo er geduldet und gern gesehen ist... Bald lernt er seinen Gastfreund kennen und von anderen Menschen, oder die ihm wohlwollenden überhaupt von mißgünstigen und gefährlichen Personen unterscheiden.«

Daß es auch hierzulande solch »mißgünstige und gefährliche Personen« zumindest gegeben hat, findet man bei allen älteren Autoren bestätigt. Brehm nennt ihn einen »Raubvogel in der vollsten Bedeutung des Wortes« – was biologisch zweifellos richtig ist, wenn man schon die Unsitte gelten lassen will, das Erbeuten größerer Tiere als »Raub« zu brandmarken. Brehm schildert zunächst die Jagd des Storches auf einige »harmlosere« Beutetiere, fährt dann aber nicht ohne eine gewisse Entrüstung fort: »Die Eier aller Bodenbrüter nimmt er aus; junge Vögel, auch Rebhühner, tötet er ohne Gnade, schleppt seinen Jungen sogar volle Vogelnester zu..., junge Hasen nimmt er der Mutter trotz mutiger Verteidigung weg...«

Und fährt dann fort: »Da der Storch, wie aus Vorstehendem zu ersehen, der Jagd schadet, auch durch Wegfangen von Bienen sich Übergriffe erlauben soll, zählen ihn Jäger und Imker zu den schädlichen Vögeln und wollen ihn ausgerottet wissen.« Gottlob distanziert sich der Altmeister dann aber ausdrücklich von derlei kleinkarierter Rachsucht.

13

Bereits 1897 erhoben Vogelfreunde beredten Einspruch gegen die Vernichtungsabsichten der Flintenmänner, lobten den Storch als »eine der originellsten Erscheinungen in der ganzen Vogelwelt«, als »ebenso schönen wie klugen Vogel«, als »freies und selbstbewußtes Tier.

Störche sind Segelflieger, die geschickt jede Thermik nutzen.

– Aber ihm haben unsere Waidmänner Todfeindschaft geschworen. Warum«, so klagten die Storchenfreunde damals, »soll dann das unzählbare Heer der harmlosen Naturfreunde zugunsten einer Minorität leer ausgehen? Ein einziges Storchenpaar in seinem Dorfe vermittelt dem Landmanne den anziehendsten Verkehr mit der Vogelwelt, einen anderen gefiederten Ersatz kann und will er sich nicht ausfindig machen.« Hundert Jahre später erkennt der Natur- und Vogelfreund in solchen Klagen erschreckende Parallelen. Zwar hat sich die Jagdlust auf den Storch inzwischen wohl weitgehend verflüchtigt (was nicht zuletzt auch eine Folge der verflüchtigten Storchenbestände sein dürfte), doch mag auch heute das »unzählbare Heer der harmlosen Naturfreunde« nicht so recht einsehen,

warum eine bewaffnete »Minorität« noch immer auf Gänse, Enten und Kormorane schießen will und darf, die man viel lieber füttern und beobachten möchte.

Doch kehren wir zu den ankommenden Störchen zurück – auch wenn es nicht mehr viele Dörfer sind, denen Freund Adebar aufs Dach steigt. Viele tausend Kilometer haben sie zurückgelegt, wenn sie im Frühjahr mit großer Ortstreue an ihrem Horst wieder eintreffen. Störche sind Langstreckenzieher. Sie wandern aus den verschiedenen Teilen Europas bis ins tropische Afrika, teilweise bis hinunter ans Kap der Guten Hoffnung. Satte 10 000 Kilometer – einfache Strecke! Auch auf dem Zug verhalten sich die Störche nach ihrer Lebensmaxime, die da heißt: eile mit Weile. Sie sind Segelflieger, die geschickt jede Thermik aufspüren und sich von ihr kreisend in die Höhe tragen lassen, ohne einen Flügelschlag zu tun. Ihre großflächigen Schwingen sind dazu hervorragend geeignet. Aufsteigende Warmluft und hohe Luftströmungen wissen sie so zu nutzen, daß sie für ihre Wanderungen weit weniger Energie verbrauchen als Vögel, die jede Strecke aus eigener Kraft zurücklegen müssen.

Die von Generation zu Generation weitergegebene Tradition und die in

ihrem Erbgut »gespeicherte Erfahrung« leiten sie auf Jahrhunderttausende alten Luftwegen ins Winterquartier. Durch Wiederfunde beringter Störche und viele Einzelbeobachtungen weiß man, daß die westeuropäischen Störche einen ganz anderen Weg einschlagen als die osteuropäischen. Die Zugscheide verläuft mitten durch Deutschland, etwa vom Lechtal bis zum niederländischen Ijsselmeer. Man muß sich diese Linie jedoch eher als »Grat« eines breiten Mischgebietes vorstellen, das von Holland bis Mecklenburg reicht. In der Natur geht es nun mal nicht so strikt.

Störche sind – ähnlich wie Kraniche und manch andere Großvögel – zumindest bei ihrem Zug durch Europa sogenannte Schmalfrontzieher, wobei Gibraltar im Westen und Bosporus und Jordantal im Osten des Mittelmeers gewissermaßen die Engpässe sind, wo sich alles trifft. An diesen Stellen kann man zur Zugzeit – vor allem im September – an Tagen mit guter Thermik oft Hunderte oder gar Tausende von Störchen kreisend und segelnd nach Süden streben sehen. Im Westen sind es alljährlich »nur« etwa 35 000, im Osten nahezu 400 000 Vögel, die hier durchziehen. (Die europäische Gesamtpopulation besteht aus etwa 128 000 Brutpaaren

Im Segeln nehmen es die Störche mit jedem Segelflieger auf. Und im Aufspüren noch der kleinsten Thermik sind sie uns bestimmt überlegen.

mit der entsprechenden Zahl von Jungvögeln.) Fast immer sieht man Weißstörche in Südeuropa, Kleinasien und Afrika in Begleitung großer Greifvögel, verschiedene Adler-, Bussard- und Geier-Arten, die mit ähnlicher Flugtechnik und daher auf gleichen Flugrouten der kalten Jahreszeit in ihren Brutgebieten entfliehen.

Das Mittelmeer ist nur die eine Barriere auf dem Weg der Störche in ihre Winterquartiere. Die Trockenzone der Sahara und der arabischen Wüsten ist die zweite. Immerhin können sie auch über Wüsten ihren energiesparenden Segelflug praktizieren, sofern Berge für die nötigen Aufwinde sorgen. Über dem Meer hingegen, wo solche Auf-

Im ostafrikani-
schen Savannen-
hochland stol-
zieren unsere
Adebars so
selbstverständ-
lich zwischen
Zebras wie
zu Hause
zwischen den
schwarzweißen
Holsteiner-
kühen.

16

winde fehlen, müssen sie im mühsamen Ruderflug ihren Weg hinter sich bringen. Schon das nur 30 Kilometer breite Tote Meer an der Sinai-Südspitze, das sie in geringer Höhe überqueren, erschöpft sie sichtlich.

Die Wanderwege umgehen aber auch große Wüsten; die Störche halten sich, wenn irgend möglich, an Küsten und Flußtäler, schon um ab und zu Nahrung aufnehmen zu können. Merkwürdigerweise spielt der Nil für die Ostzieher aber erst ab der großen Nilschleife im Sudan eine wichtige Leitlinienfunktion. Ägypten wird östlich umgangen, wohl wegen der günstigen thermischen Verhältnisse über der Sinaihalbinsel.

Erst wo das Land flächenhaft grüner wird, finden die schwarzweißen Vögel Bedingungen, die zu längerem Verweilen einladen. Im Steppen- und Savannengürtel, der sich südlich an die Wüste anschließt und von Senegal bis Somalia quer durch Afrika zieht, finden die Tiere im allgemeinen genügend Nahrung: Heuschrecken, andere größere Insekten, Eidechsen und Schlangen. Gern werden auch bewässerte Reisfelder aufgesucht, die sich gerade in letzter Zeit einerseits als zusätzliche Nahrungsquellen und Rastgebiete für viele Zugvogelarten erwiesen haben, andererseits aber auch als

Gefahrenquellen, da die Felder mit Agrargiften hoch belastet sind.

Tatsächlich verbringen viele Störche in dieser Region einen großen Teil ihres »Winterurlaubs«. Da kann man sie in den großtierreichen Graslandschaften Kenias, Ugandas, Tansanias bis hinunter nach Simbabwe und zur Kapprovinz zwischen Gnus, Zebras und Antilopen, zwischen Sattelstörchen, Nimmersätten und Marabus einherstolzieren sehen wie in der Marsch daheim zwischen den schwarzweißen Holsteinerkühen.

Die Tatsache, daß nur die Ostzieher so weit in den Süden Afrikas vorstoßen, die Westzieher aber schon nördlich des Äquators hängenbleiben, ist leicht zu erklären: In West- und Zentralafrika, vor allem im Kongobecken versperren ausgedehnte Regenwälder den Störchen den Weg. Die Langbeine sind nun einmal keine Waldliebhaber. Natürlich könnten sie, zum Beispiel an der Küste, auch die Regenwaldzone überwinden. Offenbar genügen aber die Nahrungsreserven der Sahelzone, um die vergleichsweise kleine Schar der Westzieher den Winter über zu ernähren.

EINE HEIMAT FÜR ADEBAR

Wenn man bedenkt, daß »unsere« Störche sechs bis acht Monate des Jahres unterwegs beziehungsweise im tropischen Winterquartier sind, dann mag man sich fragen, ob sie wegen ihres vier- bis fünfmonatigen Aufenthalts am Brutplatz überhaupt als Europäer zu bezeichnen sind. Noch exotischer in dieser Hinsicht liegen ja die Verhältnisse beim Mauersegler, der gar nur drei Monate »daheim« am Brutplatz seine gellenden Runden zieht und das ganze übrige Jahr an fremden Himmeln nach Insekten jagt.

Anders als viele andere europäische Zugvögel, brütet der Weißstorch hauptsächlich in Europa: von Petersburg über die Ukraine, den Balkan und die Türkei bis Südspanien – mit ziemlichen Lücken in Mittel- und Süddeutschland, in Frankreich und Nordostspanien. In Italien, England und Skandinavien fehlt er mehr oder weniger vollständig. Dafür gibt es einige stattliche »Kolonien« in den nördlichen Teilen Marokkos und Algeriens sowie in Vorderasien bis ins südliche Kaspigebiet. Insgesamt erweisen sich unsere

Solch alte Ruinen sind ideale Horstplätze. Hier in Spanien hat sich eine regelrechte Brutkolonie mit mächtigen Horsten gebildet.

Adebare damit als Freunde angenehmerer Temperaturen, weshalb Friderich schon vor hundert Jahren ganz richtig schrieb: »Überrascht sie später noch ein strenger Nachwinter, so laufen sie trauernd umher, suchen offene Gewässer auf, um etwas Genießbares zu finden, leiden aber Not und sterben nicht selten den Hungertod.«

Eine merkwürdige Ausnahme von dieser im großen und ganzen mittel- bis südeuropäischen Verbreitung des Weißstorchs sind die allerdings wohl nicht sehr zahlreichen Brutvorkommen in Südafrika. Offenbar hatten da einige Störche keine Lust mehr, den langen Weg in den ohnehin immer ungastlicher werdenden Norden zurückzukehren und sich dabei noch dem lebensgefährlichen Geballer mediterraner Sonntagsjäger auszusetzen. Ziemlich merkwürdig sind auch zwei kleine Populationen des Storchs in Mittel- und Nordostasien mit jeweils nur einigen hundert Brutpaaren. Sie scheinen von den europäischen Störchen schon

Baumhorste – bei uns relativ selten – sind die ursprüngliche und vielerorts auch heute noch bevorzugte Art des Nistens. Festes, ausladendes Geäst und freie Sicht sind Voraussetzung.

längere Zeit getrennt zu sein, da sie bereits Merkmale einer anderen Rasse aufweisen.

Und wenn wir schon einen Blick auf die Karte werfen, so mögen hier auch einige Zahlen interessieren, die zeigen, wie die Störche in Europa verteilt sind. Mit nahezu 50 000 Brutpaaren gab es Mitte der siebziger Jahre im Westen der (damaligen) Sowjetunion die meisten Störche, dicht gefolgt von Polen mit gut 32 000 Paaren. Verglichen damit tragen die übrigen Länder Europas nur wenig zur Gesamtpopulation bei: Die baltischen Staaten mit fast 14 000 Paaren, Spanien mit über 7000, Ungarn mit rund 4000 Brutpaaren.

Was diesen Zahlen nicht zu entnehmen ist: der alarmierende Rückgang innerhalb weniger Jahrzehnte. 1934 wurden in Deutschland noch über 9000 Paare gezählt, in Ungarn weit über 21 000. Der Spanische Bestand ging zwischen 1950 und 1980 von über 50 000 Störchen auf 11 000 zurück. In Frankreich (Elsaß) waren 1974 nur noch 10 Paare von den 155 Paaren des Jahres 1934 übrig. In Baden-Württemberg brüteten 1948 noch 252 Paare, dreißig Jahre später waren es nur noch 17, eine Zahl, die bis 1990 erfreulicherweise wieder auf 70 angestiegen ist. Selbst im Storchenland Schleswig-Holstein sind von den etwa 8000 Storchenpaaren um 1900 nur noch 220 im Jahr 1990 übrig geblieben. Ein Rückgang um 97 Prozent. In ganz Deutschland wurden 1990 noch 3411 Brutpaare gezählt, 62 Prozent weniger als 1934. Die meisten deutschen Störche brüten in Mecklenburg-Vorpommern und Brandenburg mit zusammen über 2000 Paaren.

Umfassende Schutzmaßnahmen zeigen erste Erfolge.

Bemerkenswert unterschiedlich verlief die Entwicklung in Österreich. 1934 gab es dort nur 118 Horste. 1959 zählte man bereits 276 Horstpaare, deren Zahl bis 1974 auf 392 anstieg. Man schreibt diese gegenläufige Entwicklung, die fast ausschließlich den Osten des Landes betrifft, einem hohen Populationsdruck in Ungarn zu. In letzter Zeit ging jedoch besonders die Zahl der Burgenland-Störche wieder deutlich zurück.

Bemühungen des internationalen Vogelschutzes ist es zu verdanken, daß Ende der 80er Jahre die allgemeine Talfahrt gebremst, vielleicht sogar aufgehalten werden konnte. Entscheidend war dabei nicht nur der Schutz der Lebensräume und damit der Nah-

Störche lassen sich verhältnismäßig leicht halten. Mancherorts nutzt man dies, um die geschwundenen Bestände aufzufrischen. Eine nicht immer ideale Lösung.

rungsgrundlage in den Brutgebieten, sondern auch leichte Verbesserungen in den Rastgebieten entlang der Zugwege und in den Winterquartieren. Neben dem Schutz der Nahrungsgebiete geht es hier auch darum, die immer noch hemmungslose Bejagung auf alles was da kreucht und fleucht in Südeuropa und Afrika einzuschränken. Eine schwierige Aufgabe.

Im Elsaß, wo 1947 noch 177 Horstpaare den Ruf eines Storchenlandes rechtfertigten, setzte nach 1960 ein so drastischer Rückgang ein, daß Storchenhelfer dazu übergingen, Jungstörche aus Spanien, Algerien und Marokko zu importieren, eine zeitlang im Gehege zu halten und dann an verschiedenen Orten auszusetzen. 1983 gab es dort nur noch 3 Brutpaare aus Wildstörchen, aber 8 aus Abkömmlingen von Gehegestörchen sowie 7 gemischte Paare und 5 unbekannter Herkunft. Ein Teil der ausgesetzten Störche siedelte sich auch im angrenzenden Baden an.

In der Schweiz waren früher die Niederungen des Mittellandes zwischen Neuenburger See und Bodensee vom Storch besiedelt – um 1900 mit etwa 140 besetzten Horsten. Bereits 1930 waren es nur noch 16, und 1950 war die schweizer Population am Ende. Auch hier gelang es durch Importe aus Nordwestafrika, wieder einen Bestand von 81 Brutpaaren (1982) aufzubauen, dessen Tiere sich mit denen des Elsaß vermischen. Es ist zu hoffen, daß sich hier mit der Zeit wieder eine selbständige Population aufbaut, die ohne Hilfe des Menschen auskommt – denn so ganz geheuer ist die Aufzucht von Störchen niemand. Schließlich soll Europa nicht zum Zoo halbzahmer Tiere werden.

Auch wenn die Störche keine Kinder bringen und als Orakel vom Wetterdienst deutlich übertroffen werden, wollen wir gewiß nicht auf sie verzichten. Sie lassen sich aber nicht so einfach bei der Behörde bestellen, wie das wohl einige Bürgermeister in Baden-Württemberg meinten. Als dort bekannt wurde, daß man sich von Amts wegen um die Wiedereinbürgerung des Storches bemühen wolle, ging eine Flut von Anfragen ein. Jede Gemeinde wollte ihren Aushängestorch – gewissermaßen nach dem Motto: Wenn schon alle Dorfweiher zubetoniert und alle Feuchtwiesen zu Maisfeldern geworden sind, dann soll wenigstens ein Storchennest auf dem Kirchdach von der Naturverbundenheit der Gemeinde künden.

Nein, Freunde, anders herum wird ein Schuh draus! Erst wenn wir wieder Lebensräume schaffen, in denen Adebar und seine Jungen ein Auskommen finden, erst wenn unsere Landschaften nicht noch mehr verdrahtet, unsere Gewässer und Fluren nicht noch mehr vergiftet werden, besteht eine Chance, daß längst verwaiste Wagenräder wieder zu Kinderwiegen werden, daß vielleicht sogar der eine oder andere Ort zum erstenmal von Störchen besiedelt wird. Vor allem die Landwirtschaft muß insgesamt wieder umweltverträglich und naturfreundlicher werden – notfalls mit kommunalen Zuschüssen. Solche Extensivierungsmaßnahmen entlasten nicht nur die europäische Agrarkasse, sie sind in jedem Fall eine Bereicherung unseres eigenen Lebensraumes. Blumenwiesen mit dem Gesang vieler Heuschrecken und Grillen, Kleingewässer mit dem Quaken vieler Frösche, Hecken mit dem Gesang vieler Vögel sind allemal ein Gewinn, selbst wenn die Störche auf sich warten lassen. Und wenn schon Pfarrer und Küster die Unbeflecktheit des Kirchendachs dem Storch zu opfern bereit sind, dann kann man sie vielleicht auch gleich dazu bewegen, die vergitterten Luken des Kirchturms wieder zu öffnen für Schleiereule, Turmfalk, Dohle und Fledermaus.

Für den Nahrungserwerb im nicht zu tiefen Wasser
ist der Storch mit seinen roten Werkzeugen ebenso gerüstet
wie für die Insektenjagd in Halbwüsten.

Den Duft der Ferne noch in den Schwingen lassen sich die zurückgekehrten Störche auf ihrem alten Horst nieder, zupfen an diesem und jenem Ast und tun überhaupt so, als seien sie nicht Tausende von Kilometern unterwegs gewesen. In Wirklichkeit

KLAPPERN GEHÖRT ZUM (BRUT-)GESCHÄFT

wartet der Erstankömmling gespannt auf einen Partner. Mit scharfem Auge wird der kleinste Punkt am Himmel erspäht und erwartungsvoll angeklappert.

Hat man damit Erfolg, so gilt es zunächst einmal festzustellen, ob es sich bei dem Ankömmling um Freund oder Feind, um einen Partner oder Rivalen handelt. Auch wenn es, wie gesagt, da manchmal Irrtümer (oder sonderliche Neigungen?) gibt, irgendwie stellt sich doch meist schnell heraus, ob man schnäbeln oder fechten muß.

Störche sind ja bekanntermaßen sehr ortstreue Vögel. Die meisten Altstörche kehen, wie Beringungen erwiesen haben, an den Horst zurück, in dem sie im letzten Jahr Junge aufgezogen haben. Mit der ehelichen Treue, nehmen sie es allerdings nicht so genau.

Unermüdlich schleppt das Männchen Nistmaterial herbei, so daß ein großer Horst schon nach einer Woche fertig ist.

Klappern gehört zum (Brut-) Geschäft. Die Partner klappern sich während der ganzen Brutzeit viel an und verrenken sich dabei auf das Wunderlichste.

Lebenslange Partnerschaften, wie wir sie etwa von Graugänsen und manchen anderen Großvögeln kennen, sind selten und wohl mehr Zufall. Sicher ist, daß in den riesigen Scharen auf der langen Reise sich Partner schnell aus den Augen verlieren, selbst wenn sie gemeinsam gestartet sind. Offenbar ist die Bindung an den Nestplatz stärker als die Partnerbindung, so daß langjährige Ehen eher als Horstgemeinschaften anzusehen sind. Man trifft sich eben wieder am alten Ort und tut seine Pflicht. Kommt statt der vorjährigen Partnerin eine andere, so wird sie nicht minder enthusiastisch mit Schnabelklappern begrüßt. Ob Störche den Partner des Vorjahres überhaupt von anderen Störchen unterscheiden können, weiß niemand so genau. Allerdings benehmen sich spät zurückgekehrte Alteigentümer gegenüber zuvorgekommenen Rivalen besonders rabiat. Abwerber treten etwas bescheidener auf.

Weniger streng ist die Ortsbindung bei den Jungstörchen. Viele bleiben ohnehin die ersten ein bis zwei Jahre ganz in Afrika und kehren erst zurück, wenn sie geschlechtsreif geworden sind. Die erste Brut findet meist im Alter von drei Jahren statt. Auch hier haben Beringungen gezeigt, daß über die Hälfte aller Jungstörche wenigstens in einen Umkreis von 60 Kilometern um ihren Geburtsort zurückkehrt – und das ohne Anleitung, denn junge und alte Störche fliegen in der Regel getrennt heim.

Schnabelklappernd empfängt das Männchen das ansegelnde Weibchen auf dem Horst. Und wenn das Weibchen gelandet ist, werfen beide ihren Kopf immer wieder auf den Rücken und klappern im Duett – eine Begrüßungszeremonie, wie man sie in ähnlicher Art und Weise bei vielen Tieren findet. Gerade wehrhafte Tiere – und der Storchschnabel ist durchaus eine ernstzunehmende Waffe – leiten mit solchen Zeremonien gewissermaßen ihre angeborenen Agressionen ab, die normalerweise dafür sorgen, daß auch Artgenossen sich nicht zu nahe kommen. Reiher zum Beispiel pflegen sich bei der Begegnung am Horst kleine Zweige oder auch einmal ein Fischchen darzubieten. Vielleicht sind die Blumen, die wir der Dame des Hauses überreichen, wenn wir einen Besuch machen, ebenfalls eine Art Beschwichtigungsritual – und geplappert und geklappert wird auch nicht wenig, wenn unsereins Besuch bekommt.

Unerwünschte Nebenbuhler werden übrigens auch angeklappert, wobei aber die Flügel drohend auf- und zugeklappt werden. Wenn der Eindringling darauf nicht mit Rückzug reagiert, kann es zu wilden Kämpfen kommen, die aber selten zu ernstlichen Verletzungen führen.

Auch wenn die eingeflogene Dame nicht die Partnerin des letzten Jahres ist, kommt man meist rasch zur Sache. Die erste Kopulation hat man bereits 15 Minuten nach Rückkehr des Partners festgestellt. Eine eigentliche Balz, im Sinne eines langwierigen und komplizierten Vorspiels, gibt es bei den Störchen nicht. Die Zeremonie wirkt etwas altvordern. Nachdem das Paar längere Zeit zusammen auf dem Horst gestanden hat, vielleicht der Gefiederpflege hingegeben, beginnt das Männchen mit würdevollem Ausdruck das Weibchen zu umschreiten. Manchmal läßt sich auch das Weibchen von dem Rundgang anstecken, und dann schreiten beide hintereinander ihre künftige Kinderwiege ab. Schließlich setzt der Bräutigam einen Fuß auf den Rücken des Weibchens und erklettert flügelschlagend ihren Rücken. Bei der Vereinigung schnäbeln die Partner, wobei

Beim Liebespiel vergessen auch die Störche ihre sonst zur Schau getragene Würde. Die sonst so nützlichen Langbeine sind da eher hinderlich.

das Weibchen den Kopf nach oben reckt. Das ganze verläuft stumm, und weder vorher noch nachher wird geklappert.

Mit dem Nestbau hat der Storchenmann schon vor Ankunft der künftigen Mutter begonnen. Möglicherweise sogar einen ganz neuen Horst in wenigen Tagen zusammengetragen. Starke Äste werden für den Unterbau des Horstes herbeigeschleppt. Die Auflage besteht aus feinerem Reisig, aus Grasbüscheln und anderem Polstermaterial, gelegentlich auch aus Pferdeäpfeln und Plastiktüten. Wenn die Nester Jahr für Jahr bezogen werden, ohne daß sie der Wintersturm heruntergeblasen hat, wird der Bau Schicht um Schicht erhöht, so daß die Nestburg schließlich über zwei Meter hoch und bis anderthalb Meter breit werden kann. So ein Mammuthorst wiegt fast 20 Zentner. Im Unterbau nahezu aller älteren Storchennester pflegen Haussperlinge, oft auch Feldsperlinge, Bachstelzen, Hausrotschwänze oder sogar Turmfalken zu nisten. Ein von Grund auf neuer Nestbau dauert gewöhnlich acht Tage. Manch-

Die ursprünglichen Horstplätze waren Bäume und Felsen.

mal baut ein Paar ein weiteres Nest in der Nachbarschaft; es wird als Schlafnest, zum Wachehalten für den nichtbrütenden Partner oder auch nur als Baumateriallager fürs nächste Jahr verwendet, sofern es nicht – da schlampiger gebaut – im Winter heruntergeweht wird.

Da in Mitteleuropa die meisten Störche auf Wagenrädern und ähnlichen Gestellen auf Dächern, Türmen und Schornsteinen nisten, denken manche Leute, die sei die gewöhnliche Art des Nestbaus. Wie man sich leicht denken kann, hätten mit solchen Bedürfnissen die Störche vor einigen Jahrtausenden dumm ausgesehen. In den wenig besiedelten Gebieten Osteuropas ist auch heute noch der Storch viel unabhängiger von menschlicher Nisthilfe. Baumhorste und Felsenhorste, die sicher die ursprüngliche Nistweise des Weißstorchs darstellen, sind im Süden und Osten Europas viel häufiger als bei uns, wo man sie nur ausnahmsweise findet. Die vorderasiatischen Störche erweisen sich als noch vielseitiger. Sie errichten ihren Horst gelegentlich sogar auf niedrigen Haufen, Wurzelstöcken oder gar auf dem Boden.

Neuerdings zeigen viele Störche eine Vorliebe für Masten als Horstplatz. Das sind zwar meist stabile Nestauflagen

mit weitem Rundblick, leider kommen aber die noch wenig fluggewandten Jungstörche hier besonders oft mit den stählernen Leitungen in Konflikt. Auch der Mensch schätzt derlei Renaturierung seiner Technik nicht immer. In Armenien ließ sich im Mastenwald eines Bahngeländes gleich eine ganze Storchenkolonie mit mehr als 60 Horsten nieder. Wegen Betriebsbehinderung hat man viele Nester zerstört. Da auf Masten erbrütete Jungvögel später ebenfalls diese gefährlichen Nistplätze bevorzugten, sollte man das Mastnisten nicht unterstützen, sondern weniger problematische Horstunterlagen anbieten.

In Portugal brüten Störche gerne auf Felsen und Eukalyptusbäumen. In Deutschland machen Baumhorste weniger als 10 Prozent der Standorte aus – bei starkem Gefälle von Ost nach West. Im Spreewald und auch anderswo in Ostdeutschland unterstützt man Baumbruten durch entsprechende Gerüste oder durch Abschneiden von Baumwipfeln. In Polen und den baltischen Staaten brüten mehr Störche auf Bäumen als auf Gebäuden. Bevorzugt werden einzelnstehende alte Eichen. Auf geeigneten Bäumen bilden sich – zumindest in storchenreichen Ländern – manchmal regelrechte Storchenkolonien. Auf

Es sieht gefährlicher aus als es ist – das obligate Schnäbeln bei der Kopula. Übrigens pflegt man diesen Sport auch noch nach bereits geleisteter Eiablage.

einem mächtigen Baum in Sedes/ Griechenland hatten 15 Paare ihren Horst errichtet, bei Sidi Brahm in Marokko trug ein einziger Baum sogar 28 Nester.

Solche Brutgemeinschaften sind wohl eher Notgemeinschaften als echte Kolonien. Wie die vielfachen Streitereien sogar zwischen Storchenpaaren benachbarter Dörfer bei uns zeigen, sind Störche am Nistplatz gegenüber fremden Artgenossen alles andere als tolerant. Oder sollten südeuropäische Störche duldsamer sein? Gewiß nicht, denn es sind auch aus Ostdeutschland und Böhmen aus älterer und neuerer Zeit Brutgemeinschaften bekannt, vereinzelt auch zusammen mit Graureihern. Offenbar entstehen Auseinandersetzungen nur um Horste, beziehungsweise Weibchen. Wenn jedes Paar seinen eigenen Horst hat, kommt man – wie auch bei der Futtersuche – gut miteinander aus.

Das Nisten auf Leitungsmasten ist vielerorts zur Mode geworden. Eine nicht ungefährliche Sache, wenn die Schwingen zwei Leitungen berühren, oder wenn Jungvögel ungeschickt in die Drähte fliegen.

Es fällt einem schwer, an Freund Adebar zu denken, ohne gleich in irgendwelche Kinderreime und Kinderlieder zu verfallen. Warum der Storch so beliebt und vielbesungen war und ist, und warum man ihn zum Hüter des Kindersegens gemacht hat, ist so

WER BRINGT DEM STORCH DIE KINDER?

einfach gar nicht zu beantworten. Es gibt ja eine ganze Reihe von Wildtieren, die sich dem Menschen mehr oder weniger

angeschlossen haben, zu Kulturfolgern oder gar Mitbewohnern geworden sind: Unter den Säugetieren sind es hierzulande etwa Siebenschläfer, Maus, Ratte, Fledermaus und Igel, unter den Vögeln Schwalben, Hausrotschwanz und Haussperling – und eben der Storch.

Nur wenige dieser Tiere haben es zur »sagenhaften« Beliebtheit des Storches gebracht, allenfalls noch die Rauchschwalbe, deren Nisten im Stall oder Hausgang bis heute als segensreiches Zeichen gilt. Auch der Igel erfreut sich ziemlich allgemeiner Zuneigung und hat es, wie in der Geschichte vom Hasen und Igel, auch schon zu »fabelhaften« Ehren gebracht.

Das erste Ei wird gegen vorbeikommende Artgenossen mit angehobenen Flügeln und erregtem Klappern verteidigt.

Die ersten drei Wochen ist ständig wenigstens ein Storch bei den Jungen – zur Verteidigung, aber auch um Schatten oder Regenschutz zu spenden.

Ohne hier tiefer in die gefühlhaften Beziehungen zwischen Mensch und Tier eindringen zu wollen, kann man doch sagen, daß mindestens vier Bedingungen erfüllt sein müssen, damit sich eine positive Beziehung zwischen Mensch und Wildtier entwickeln kann: Das Tier darf kein direkter Nahrungskonkurrent sein, es darf keinen wirtschaftlichen Schaden machen; es muß eine mittlere Größe haben; es darf nicht rein nachtaktiv sein; es muß sympathisch wirken. Die emotionale Zu- oder Abneigung ist natürlich der wichtigste Faktor, dessen Ausmaß von den anderen eigentlich nur begrenzt wird. Der Storch erfüllt alle diese Kriterien in hervorragender Weise, während z. B. die Sympathie zum Igel etwas darunter leidet, daß er überwiegend dämmerungs- und nachtaktiv ist – und die Zuneigung zur Schwalbe wird durch ihre Kleinheit gedämpft.

Daß man das unberechenbare Kommen und Gehen von Wildtieren, wie auch andere unkalkulierbare Naturereignisse, gerne in Zusammenhang brachte (und teilweise noch bringt – man denke an die Horoskopie) mit anderen Vorkommnissen, auf die man keinen rechten Einfluß hat (aber gerne einen hätte), das ist seit altersher die mythische Art des Menschen, die Welt zu »verstehen« und zu »beherrschen«. Da die Fruchtbarkeit auf einem Bauernhof ein entscheidender Faktor ist, verwundert es nicht, daß nicht nur der Storch, sondern auch viele andere Naturereignisse damit in Zusammenhang gebracht wurden. Das große Nest des Storches als Symbol der Kinderwiege, die Treue der Störche zu ihrem Nest, zu ihrem Hof, die leicht zu beobachtende Art der elterlichen Fürsorge, der Art auch, wie Futter von Feldern und Wiesen heimgetragen wird zu den Jungen, – all das legt eine abergläubische Beziehung zum menschlichen Kindersegen durchaus nahe.

Der Storch – sympathisch und ein Symbol für Glück und Kindersegen.

Wobei die Geschichte vom Storch, der die Kinder bringt, sicher eine späte Vergröberung jener Vorstellung ist, wonach das Nisten des Storches auf dem Dach als Segen für das Haus empfunden wurde. Und vor allem war diese Geschichte eine bequeme Ausrede, wenn Kinder unpassende Fragen stellten! Die »logische« Frage, wer denn den Storch im Winter vertrete, konnten sich gewiß auch unsere Altvorderen schon stellen. – Interessant ist jedenfalls, daß auch der

Abdimstorch in Afrika als Kinderbringer gilt.

Natürlich rankten sich im Volksglauben viele weitere Zusammenhänge um den Storch: Wenn die Störche mit sauberem Gefieder zurückkommen, soll ein trockenes Jahr bevorstehen, ist ihre weiße Weste beschmutzt, soll es viel regnen. Sieht ein Mädchen den ersten Storch im Frühjahr fliegend, wird es noch im gleichen Jahr Braut, sieht es den Storch stehend, wird es Gevatter werden. Überfliegt ein Storch das Haus einer Wöchnerin, soll es übers Jahr neuen Nachwuchs geben. Ein Haus, auf dem ein Storchennest steht, ist vor Feuer und Blitzschlag geschützt. In solchen Bauernregeln und in vielerlei Sagen und Märchen erscheint der Storch stets als ein verständiges Tier, das alles sieht und weiß und Glück, Reichtum und Kinder bringt.

Doch schauen wir nun, wie es die Störche selber mit dem Kindersegen halten. Im Abstand von jeweils zwei Tagen legt die Storchenmutter ein bis sieben weiße Eier, gewöhnlich zwischen drei und fünf. Die Gelegegröße hängt von Kondition und Nahrungsangebot ab. Wenn die Störche im Winterquartier und auf dem Rückzug Mangel leiden mußten, wirkt sich das auf die Zahl der gelegten Eier aus. In mäusereichen Jahren oder in Landschaften mit vielen Fröschen oder Heuschrecken werden mehr Junge aufgezogen als in mageren Zeiten und Gegenden.

Beim Brüten lösen sich beide Partner ab. Insgesamt 33 bis 34 Tage brauchen die Eier die Körperwärme der Eltern, bis die Jungen schlüpfen. In Mitteleuropa ist es gewöhnlich in der ersten Maihälfte soweit. Die kleinen, weißwolligen Jungstörche werden in den ersten drei Wochen immer von einem der Eltern gegen Kälte oder zu große Hitze sowie vor Feinden geschützt. Fällt in dieser Zeit ein Elternteil aus, so verhungern die Jungen, da ohne Ablösung der Instinkt des Wachehaltens den des Futterherbeischaffens überwiegt. Erst nach drei bis vier Wochen kann ein Storch allein seine Jungen aufziehen.

Abwechselnd tragen Storch und Störchin Futter herbei. Anfangs Insektenlarven und Würmer, dann auch Mäuse, Frösche, Blindschleichen und wohl auch mal eine junge Feldlerche. Im Kehlsack wird das Futter nicht nur transportiert sondern auch vorgewärmt. Bei Trockenheit wird auch Wasser herbeigetragen.

Mit miauenden Rufen und gesenktem Vorderkörper betteln die Jungen unter Flügelschlagen so lange, bis die Alten

*Wenn Fotografen oder andere ungewohnte Eindringlinge
am Nestrand erscheinen, stellen sich junge Störche tot,
indem sie regungslos zur Seite kippen.*

Die im Kehlsack mitgebrachte Nahrung
würgen die Eltern den noch kleinen Jungen
direkt in den Schnabel.
Später legen sie die Beute auch im Horst ab.

das Futter auswürgen. Bei reichlichem Nahrungsangebot und nicht zu naß-kalter Witterung wachsen alle Jung-störche erstaunlich rasch. Vier Tage nach dem Schlüpfen haben sie bereits ihr Gewicht verdoppelt, in einer Woche vervierfacht, in zwei Wochen verzehnfacht. Beine und Flügel wachsen zeitweise 6 bis 10 Millimeter pro Tag. Häufig bleibt allerdings das Nesthäkchen zurück und verhungert schließlich.

In schlechten Jahren ist der Bruterfolg oft sehr gering. Viele Jungstörche gehen bei anhaltender Kälte und Nässe ein – besonders wenn die Eltern zuviel Kunststoff zur Polsterung der Nestmulde verwendet haben. Dann nämlich wird bei Regen das Nest zum Tümpel. Und Jungstörche sind schließlich keine Enten.

Anfangs hocken die Jungen auf ihren abgeknickten Beinen (eigentlich sind es die Füße). Erst ab dem 22. Tag können sie stehen. Mit dem jetzt kräftig gesprossenen Großgefieder beginnen erste Flugübungen, besser gesagt: ein Trainieren der Flugmuskeln, die als zwei kräftige Pakete rechts und links dem Brustbein anliegen. Am Ende der 55 bis 60 Tage dauernden Nestlingszeit werden die Flügelschläge immer kraftvoller, immer wilder, so daß man oft Angst hat, die wilden Burschen könnten abstürzen – was unglücklicherweise auch immer wieder passiert. Schließlich kommt der Tag, an dem das erste Storchenjunge den Sprung ins Ungewisse wagt. Da bewährt sich dann ein hoher, freier Standort des Nestes, wo nichts den Abflug behindert. Immerhin wollen eine präzise Steuerung und schon gar das elegante und kraftsparende Gleiten gelernt sein. Ein wenig unbeholfen wirkt der erste Flug allemal. Immerhin, es reicht, um wohlbehalten die nächste größere Wiese zu erreichen.

Die soeben ausgeflogenen Jungstörchen sind mit ihren dunklen Schnäbeln und Beinen noch ohne weiteres als solche von den Altvögeln zu unterscheiden. Vier junge Störche haben es in diesem guten Jahr geschafft, und wenn man die Familie so zu sechst durch die Wiese staksen sieht, könnte man auf den Gedanken kommen, daß es so schlecht doch gar nicht um den Storchenbestand stehen kann: Zwanzig Jahre alt können Störche werden, multipliziert mit vier Jungen, macht 80 Störche.

Stimmt natürlich nicht, denn die mittlere Lebenserwartung eines Storches liegt selbstverständlich weit unter der meist nur in Gefangenschaft erreichten maximalen. Davon sind auch noch die zwei bis drei Jugendjahre vor der Fortpflanzungsreife abzuziehen. Und die Zahl der Jungen ist leider auch nicht jedes Jahr so stolz. Also rechnen wir einmal mit einem Nachwuchs von 20 pro Paar oder 10 pro Tier. Immer noch eine stattliche Zahl, würde man meinen. Daß sich unsere Storchenbevölkerung nicht in zehn Jahren verzehnfacht, sondern allenfalls gleich bleibt oder abnimmt, zeigt, wie hoch die Verluste bei den Jungstörchen sind. Wohl nur jeder zehnte kommt ins fortpflanzungsfähige Alter!

In unseren technisch entstellten und verstellten Landschaften sind Leitungen aller Art vieler Störche Verhängnis. Wenn sie nicht dagegen fliegen und sich Hals und Flügel brechen, verenden sie im Stromstoß der Hochspannung, wenn die Leitungsmasten – auf denen Störche ahnungslos nun einmal gerne rasten – nicht so gebaut sind, wie es eine deutsche Richtlinie bereits 1969 forderte. Leider ist diese vogelfreundliche Bauanweisung auf mysteriöse Weise wieder aus der Richtlinie verschwunden. Erst 20 Jahre später konnte sie, auf zähen Druck von Naturschützern, endlich doch Vorschrift werden. Wieviel hundert Störchen diese Verzögerung das Leben gekostet hat, weiß niemand genau. Wenn man einen Vorfall hochrechnet, bei dem von 36 Störchen allein bei

Die »Flugübungen« der Jungstörche sind eher ein Muskeltraining. Die eigentliche Flugtechnik läßt sich nur im Flug erlernen.

einer Abendlandung auf Leitungsmasten sechs den Tod fanden, so
haben die Kraftwerksherren mehrere
tausend auf dem Gewissen.
Angesichts dieser speziell europäischen
Situation mag man sich fragen, ob es
sich denn bei den hohen Verlustraten
um eine allgemeine Erscheinung in
der Gruppe der Schreitvögel handelt,
oder um eine Besonderheit des Weißstorchs, der es sich nun einmal in
den Kopf gesetzt zu haben scheint,
auch weiterhin unter so gefährlichen
Lebensbedingungen sich fortzupflanzen
wie in Mitteleuropas dichtbesiedelten,
verdrahteten Landschaften. Schauen
wir uns ein wenig in Adebars Verwandtschaft um, von der ein großer
Teil noch unter vergleichsweise para-
diesischen Bedingungen lebt.

*Um drei Junge aufzuziehen, muß
reichlich Nahrung in der Umgebung
des Horstes zu finden sein. Für fünf
bis sieben Junge, wie oft in Südeuropa
zu finden, reicht es bei uns fast nie.*

ANDERE LANGBEINER

Störche gibt es in Europa schon seit etwa 30 Millionen Jahren, wie fossile Funde aus Frankreich, Böhmen und der Schweiz belegen. Von den insgesamt 18 Arten von Storchenvögeln, die heute die Erde bevölkern, kommen zwei als Brutvögel in Europa vor: neben dem Weißstorch noch der Schwarzstorch (Ciconia nigra). Daß er soviel weniger bekannt ist als sein Vetter, hängt nicht zuletzt damit zusammen, daß er ein eher scheuer Waldvogel ist, den man nicht leicht zu Gesicht bekommt. Hinzu kommt aber die Tatsache, daß Schwarzstörche viel seltener sind in Europa als Weißstörche. Selbst in Polen liegt die Zahl der Brutpaare nur bei einigen hundert. In den letzten Jahren haben die Bestände aber erfreulich zugenommen, und es ist eine gewisse Ausbreitungstendenz nach Westen festzustellen.

Auch der Schwarzstorch hat seine weißen Gefiederpartien, so daß man besonders im Flug schon genau hinschauen muß, um ihn nicht mit dem Weißstorch zu verwechseln. Beide fliegen ja – im Gegensatz zu den

Bei der Nahrungssuche sind Schwarzstörche viel mehr als Weißstörche auf Feuchtflächen angewiesen. Sumpfige Wälder sind ihnen am liebsten.

Reihern, die ihren Hals während längerer Flugstrecken in eleganter S-Kurve tragen – mit weit vorgestrecktem Hals und Kopf. Mit den lang nach hinten gestreckten Beinen sehen sie ein bißchen wie fliegende Besenstiele aus – worin sie Ähnlichkeit mit Kranichen und Flamingos haben.

Beim Schwarzstorch ist der gesamte Bauch samt Flanken und auch ein breiter Streifen auf der Unterseite der Flügel weiß. Das schwarze Gefieder trägt bei den Altvögeln einen metallischen Grün- oder Purpurschimmer. Zur Brutzeit sind bei den alten Schwarzstörchen Schnabel und Beine wie beim Weißstorch leuchtend rot. Das Gefieder der Jungen ist braun und ohne Glanz; Schnabel und Beine sind bei ihnen grünlichgrau.

Schwarzstörche leben in Wäldern mit Feuchtflächen.

Das Verbreitungsgebiet des Schwarzstorchs deckt sich in Europa weitgehend mit dem des Weißstorchs, was bedeutet, daß er in Osteuropa sein Hauptvorkommen hat. Im Gegensatz zum Weißstorch, der im Osten den Ural nicht überschreitet, zieht sich das Areal des Schwarzstorchs aber durch ganz Rußland und Asien bis an die chinesische Ostküste. In Westeuropa fehlt er jedoch bis auf eine kleine Population in Spanien vollständig. Die Westgrenze verläuft mitten durch Deutschland. In Ostdeutschland brüten etwa 80 bis 100 Paare, im übrigen Deutschland höchstens 50. Aber, wie gesagt, mit leicht zunehmender Tendenz – was um so erstaunlicher ist, als die Lebensbedingungen (abgesehen vom Bejagungsverbot) durchaus nicht besser werden.

Der Lebensraum des Schwarzstorchs sind naturnahe Laub- und Mischwälder mit Feuchtwiesen, Sümpfen, Waldteichen, Altwässern und Bächen. Die Art ist noch stärker an Feuchtflächen gebunden als der Weißstorch. Der Horst steht meist auf hohen Bäumen mitten im Wald. Im Osten kommen auch Felsnester vor. Da die Forstwirtschaft ähnlich wie die Landwirtschaft darauf bedacht ist, Feuchtflächen zu dränieren, waren entsprechende Lebensräume oft nur noch auf Truppenübungsplätzen zu finden. Die Umwandlung aufgelassener Militärbasen in Naturschutzgebiete könnte die Situation für den Schwarzstorch in Mitteleuropa deutlich verbessern. Doch auch der Schwarzstorch wandert im Herbst bis weit ins tropische Afrika, wo er den Winter verbringt. Sein Überleben in Europa hängt also auch von den Lebensbedingungen dort und auf seinen Zugwegen ab. Internationale Anstrengungen sind nötig, um in allen Ländern genügend große naturnahe Schutzgebiete zu erhalten und das Töten von Vögeln zu verbieten oder einzugrenzen. Vogelschutz kennt keine Grenzen.

Werfen wir noch einen Blick auf die weitere Verwandtschaft unserer beiden Storcharten: Zur näheren Verwandtschaft gehören auch der ostasiatische Schwarzschnabelstorch (*Ciconia boyciana*), der mittelafrikanische Abdim- oder Regenstorch (*C. abdimii*), der von Afrika über Indien bis zu den Philippinen verbreitete Weißhals- oder Wollhalsstorch (*C. episcopus*) und der in Südamerika heimische Maguaristorch (*C. maguari*).

Weitere Storchenvögel gehören anderen Gattungen an und unterscheiden sich von den *Ciconia*-Arten schon durch ganz anders geformte Schnäbel.

*Der in Wäldern heimi-
sche Schwarzstorch ist
nur wenig kleiner als
sein weißer Bruder. Er
ist in Europa viel selte-
ner und fällt schon
durch seine versteckte
Lebensweise weniger
auf.*

Gleich und gleich gesellt sich gern. In Afrika schließen sich unsere Störche oft den Nimmersatt-Störchen und anderer langbeiniger Verwandtschaft an.

Bis zum Bauch im Wasser und dann kräftig
geplanscht und gespritzt. Man hat ganz den Eindruck,
als mache das auch Störchen Spaß.

Bekannt sind aus Zoos und Afrikafilmen die verschiedenen Marabus (Leptoptilos) mit ihren mächtigen Schnäbeln oder der Klaffschnabel (Anastomus). Zwei Waldstorcharten Amerikas und Afrikas haben gar abwärts gekrümmte Schnäbel, die an Ibisse erinnern – der Afrikaner ist als Nimmersatt (Ibis ibis) bekannt.

Die Familie der Störche gehört zur Ordnung der Schreitvögel – und zu dieser rechnet man auch die Reiher, Ibisse und Löffler. Manche Wissenschaftler zählen auch den afrikanischen Schuhschnabel und sogar den nur hühnergroßen Hammerkopf zu den Schreitvögeln. Gemeinsam sind den Schreitvögeln die langen »Beine«. Wie bei allen Vögeln handelt es sich dabei allerdings eher um lange Füße, da sie ja allgemein ihren kurzen Oberschenkel bis zum Knie ganz im Gefieder verstecken, so daß nur Unterschenkel und Mittelfußknochen den Lauf bilden, auch für den Laien erkennbar an dem nach hinten abknickenden Fersengelenk.

Und da wir schon bei den Beinen der Störche sind, sollten wir uns vielleicht noch der Frage zuwenden, warum die schön roten Ständer oft gar nicht rot, sondern weiß sind. Vögel befinden sich mit ihrem dichten Federkleid oft in der Lage eines Menschen, der auch im Hochsommer seinen Wintermantel nicht ablegen darf. Die einzige Körperoberfläche mit der sie über verdunstende Feuchtigkeit sich ein wenig Kühlung verschaffen können, sind Schlund und Schnabelinneres. Beim Fliegen mag das reichen, beim Gehen offenbar reicht es nicht. Und da Vögel nicht schwitzen können, müssen sie auf andere Weise Feuchtigkeit zur Verdunstung bringen: Störche koten sich gezielt auf die Beine, wenn es ihnen zu warm wird. Und wenn der Kot trocken wird, wirken die roten Ständer wie gekalkt.

Ihren Jungen tragen die Störche die Nahrung im Schlund zu, der dann deutlich als angeschwollener »Kropf« erscheint. Unverdauliche Nahrungsreste, wie Knochen, Chitinteile und Haare, werden als Speiballen wieder ausgewürgt.

Da sind wir nun wieder bei Jungenaufzucht und Lebensweise unseres Klapperstorchs gelandet, was wir gerne zum Anlaß nehmen, ein paar Sätze über die Ernährungsweise und andere reichlich sagenumwobene Eigenarten Adebars zu verlieren. Stimmt es denn überhaupt, daß die Langbeiner hauptsächlich durch die Sümpfe waten, wie es im Kinderlied heißt?

WATET DURCH DIE SÜMPFE

Hierzulande gilt der Storch ganz allgemein als ein Vogel der Feuchtflächen, der sich in erster Linie, wenn nicht gar ausschließlich von Fröschen ernährt. (Schließlich behaupten manche, die Mär vom Babytragen käme vom Anblick fröschefangender Störche: So ein zappelnder Feistfrosch hat ja – auf größere Entfernung, bei schlechten Augen und viel Phantasie – durchaus einige Ähnlichkeit mit einem Neugeborenen.) Unter uns: Das erste stimmt nur zur Hälfte und das zweite allenfalls in Ausnahmefällen. Daß bei uns Störche bevorzugt in feuchten bis nassen Niederungswiesen ihre Nahrung suchen, hat zweierlei Gründe. Störche bevorzugen flache, offene (waldarme) Landschaften und zur Nahrungssuche Flächen mit kurzer Vegetation und reicher Tierwelt. In Mitteleuropa finden Störche solche Bedingungen vor allem in der Tiefebene nördlich der Mittelgebirgsschwelle und hier die entsprechenden Nahrungsflächen vor allem in den feuchten Niederungswiesen, wo eine intensive Landwirtschaft nicht möglich und daher eine relativ reiche Kleintierwelt

Selbst in trübem Wasser finden Störche Nahrhaftes. Schnäbel sind nämlich alles andere als gefühllos. Nicht nur Schnepfen ertasten damit noch die kleinste Beute im Schlamm.

noch vorhanden ist. Nicht Frösche oder Fische machen im allgemeinen die Hauptmenge der Nahrung aus, sondern Mäuse und Insekten.

Wo die Störche gute Nahrungs- und Fortpflanzungsmöglichkeiten fanden, breiteten sie sich entlang wiesenreicher Täler auch bis weit in die Mittelgebirge aus. In Hessen brüteten Störche um die Jahrhundertwende bis in Höhen um 400 m, im Erzgebirge bis 500 m, im Vorland des Bayerischen Waldes finden sich noch heute Brutvorkommen bis in Höhen von 560 m und aus dem Alpenvorland sind Bruten zwischen 600 und 700 m Meereshöhe bekannt.

Solche Brutplätze in nicht optimalen Lebensräumen werden verständlicherweise als erstes wieder aufgegeben, zumal wenn es sich um Vorkommen am Rand des Verbreitungsgebietes handelt, wie im westlichen Mitteleuropa. In den östlicheren Brutgebieten können sich die Störche auch dann noch eine Weile halten, wenn die Lebensbedingungen für die Aufzucht einer ausreichenden Zahl von Jungen nicht mehr ausreichen: Verwaiste Brutplätze werden hier vom »Überschuß« der Hauptpopulation leichter wieder besetzt.

Der Weißstorch ist eher eine Art der Steppen als der Feuchtflächen.

In den Hauptverbreitungsgebieten ist der Weißstorch vor allem ein Steppenvogel, der in trockenem, von Natur aus baumarmem Gelände seine Nahrung sucht. Sie besteht dort hauptsächlich aus Heuschrecken und Reptilien. Daß in Wirklichkeit dies und nicht Sumpf und Wasser sein eigentliches Jagdrevier ist, läßt sich schon an seiner Fortbewegungsweise am Boden erkennen. Ganz anders als die behutsam, fast im Zeitlupentempo schleichenden Reiher (eine Gehweise, die für tieferes Wasser bestens geeignet ist, wie jeder aus eigener Erfahrung weiß), bevorzugen Störche die rasche, weit ausschreitende, manchmal sogar rennende Fortbewegungsweise.

Nach Mitteleuropa ist der Weißstorch eindeutig als Kulturfolger vorgedrungen. Erst die Waldrodungen früher Jahrhunderte bereiteten ihm das Terrain. Auf den lange Zeit nur extensiv bewirtschafteten Flächen fanden die Störche eine reiche Kleintierwelt, einen gedeckten Tisch, wie man sagt. Da es sich dabei meist um Schädlinge der Kulturpflanzen handelte, sahen es die Bauern gerne, wenn Störche mäuse- und heuschreckenfangend durch ihre Wiesen streiften. Damals

Die drei Farben des Weißstorchs haben nicht nur Deutschnationale begeistert. Auch das Profil wirkt aristokratisch. Doch was nützt das alles in einer zunehmend lebensfeindlicheren Welt.

hat man wohl auch damit angefangen, ihnen Nisthilfen zu bauen. Man erreichte dadurch zweierlei: man lockte Störche an und hinderte sie gleichzeitig daran, die damals vielfach üblichen Strohdächer durch eigenen Nestbau zu ruinieren.

Für die Ansiedlung entscheidend ist, ob in einem Umkreis von drei Kilometern mindestens 25 Prozent der für die Jungenaufzucht nötigen Nahrung zu finden sind. Am liebsten gehen die Störche – zumindest wenn die Jungen noch klein sind – in Blickkontakt zum Horst auf die Jagd. Später fliegen sie aber auch viel weiter zur Nahrungssuche.

Die Grundlage allen Storchenschutzes, wie jedes Artenschutzes überhaupt, ist heute nicht das Anbringen von Nisthilfen, sondern die Verfügbarkeit ausreichender Nahrungsmöglichkeiten. Man

Unsere verdrahteten Landschaften sind für den Storch eine schlimme Sache. Besonders Jungstörche kommen scharenweise an Leitungen und Stacheldrähten um. Die Elektrizitätsgesellschaften können mit geringen Mitteln viel zur Rettung des Storches beitragen.

rechnet mit etwa 200 Hektar extensiv genutzem Grünland je Storchenpaar. Störche sind sogenannte Schreitjäger. Sie marschieren mit großen Schritten durch ihr Revier und picken alles Nahrhafte auf, was ihnen unter die Augen kommt. Nur ausnahmsweise und allenfalls vorübergehend sind, wie gesagt, Frösche die Hauptspeise. Feldmäuse, Regenwürmer, Schnecken, Laufkäfer, Insektenlarven, Heuschrekken und Grillen machen die Menge der Nahrung bei uns aus. Hinzu kommen gelegentlich kleine Fische, Blindschleichen oder Eidechsen sowie die Eier und Jungen bodenbrütender Vogelarten wie Feldlerche, Wiesenpieper, vielleicht auch einmal von Fasan und Rebhuhn. Besonders geschickt ist der Storch im Fangen von aufgescheuchten Heuschrecken; in wenigen Minuten kann er über hundert von ihnen erbeuten, wenn das Angebot entsprechend ist. (Bei uns kaum noch der Fall.)

Gerne folgt er dem Traktor, wenn Heu gewendet oder gepflügt wird. Die dabei aufgescheuchten und freigelegten Tiere der Wiese und des Ackers bringen ihn dann oft so in Sammeleifer, daß er die übliche Fluchtdistanz zum Menschen weit unterschreitet und dadurch einen sehr vertrauten Eindruck macht. Aufgescheuchten

Mäusen rennt er manchmal mit grotesken Sprüngen und oft unter Mithilfe der Flügel hinterher. Vor einem Mauseloch kann er auch schon einmal nach Reiherart mit eingeknickten Ständern ein Weilchen lauern. Am Spülsaum von Gewässern sammelt er auch tote Fische und andere Wassertiere auf. In tieferem Wasser spürt er mit seinem Schnabel Beute auf, auch wenn das Wasser trübe ist.

Zu den vielseitigen Jagdmethoden des Weißstorchs gehört auch das Fangen fliegender Tiere. Nicht nur Heuschrecken werden im Flug geschnappt, auch schnelle Libellen. Sogar vorbeifliegende Vögel sollen gelegentlich die Beute von Störchen werden. In Gefangenschaft lernen Störche rasch, zugeworfene Nahrung aufzufangen.

Von brennender Vegetation werden Störche selbst aus großer Entfernung

Zum Aufspießen von Beute ist so ein langer, spitzer Schnabel ja praktisch. Aber die Beförderung in den Schlund will gelernt sein wie das Hochwerfen eines Pfannkuchens.

angezogen. Nicht nur bei afrikanischen Steppenbränden versammeln sie sich in Scharen in der Nähe der Feuerlinie, wo sich reichlich aufgejagte oder geröstete Beute findet, auch hierzulande finden sie sich bald ein, wenn ein Stoppelfeld abgebrannt wird. Dabei lassen sie sich erstaunlich wenig von Rauch und Flammen irritieren.

Schon lange bevor das Nahrungsangebot im Herbst knapp wird, begeben sich die Störche auf ihre Reise in die Überwinterungsgebiete. Wenn sie den langen Zug mit seinen vielen Gefahren unbeschadet überstehen, können wir uns im nächsten Frühjahr über die Rückkehr der Störche freuen. Denn wer hätte nicht gern ein besetztes Storchennest auf seinem Hausdach? Setzen wir uns also zunächst dafür ein, daß diese schönen, beliebten Vögel bei ihrer Rückkehr auch bei uns geeignete Lebensbedingungen vorfinden.

Mit seinen vielseitigen Fortbewegungsmöglichkeiten – Laufen, Waten, Fliegen, Segeln und sogar Schwimmen – ist der Storch an alle möglichen Lebensumstände angepaßt.

Register

Mit Ihrem im Flug gerade nach vorn gestreckten Hals unterscheiden sich Störche von Reihern. Nur im Landeanflug lassen sie die Beine hängen wie auf diesem Bild.

Die Deutsche Bibliothek – CIP-Einheitsaufnahme

Störche: Impressionen aus dem Leben Adebars /
Michael Lohmann. München; Wien; Zürich: BLV, 1995
ISBN 3-405-14760-3
NE: Lohmann, Michael

Bildnachweis:
Delpho: 6/7, 42
Klindwort: 64/65
Limbrunner: 4/5, 15, 34/35, 44/45, 60/61
Pott: Vorsatz, 12, 22/23, 28/29, 38/39
Walz: 8/9, 10/11, 26/27, 30/31, 36/37, 51, 62/63
Wisniewski: 3, 16/17, 20/21, 33, 46/47, 52/53
Wothe: 54
Zeininger: 18/19, 25, 41, 48/49, 56/57, 59, 66/67

BLV Verlagsgesellschaft mbH
München Wien Zürich
80797 München

Gedruckt auf chlorfrei gebleichtem Papier

Umschlaggestaltung:
Studio Schübel, München
Fotos auf dem Umschlag: Grahammer/Superbild
(Wolkenhimmel, Vorderseite),
Pott (Storch, Vorderseite),
Baumgartner (Storch im Wasser, Rückseite),
Walz (Storch fliegend, Rückseite)
Lektorat: Dr. Friedrich Kögel
Layout: Anton Walter, Gundelfingen
Herstellung: Ernst Großkopf
Satz: ew print & medien service gmbh, Würzburg
Druck und Bindung: Neue Stalling, Oldenburg

Printed in Germany · ISBN 3-405-14760-3

Geschenkideen für Naturfreunde

Boris M. Culik / Rory P. Wilson
Die Welt der Pinguine
Attraktiver Bildband über die
sympathischen Meeresvögel:
alle Pinguinarten der Welt mit
interessanten Informationen zu
Familienleben, Sozialverhalten,
Ernährung, Wanderung, Fortpflanzung und vieles mehr.

Einhard Bezzel
Greifvögel
Die faszinierenden Greifvögel –
eindrucksvoll und prägnant
charakterisiert in großformatigen,
brillanten Farbfotos – mit unter-
haltsamen Texten über Interes-
santes und Wissenswertes aus
dem Leben der mitteleuropäi-
schen Arten.

Michael Lohmann
Vögel
Heimische Vogelarten: Männ-
chen, Weibchen, Jungvögel,
Nester, Eier; Merkmale, Vorkom-
men, Verbreitung, Lebensraum,
Brut, Zugverhalten, Nahrung.
Mit Faltplan: die Arten auf einen
Blick, geordnet nach Ähnlichkeit,
mit Eiern und Jungvögeln.

Einhard Bezzel
Vögel
Sonderteil: Seltene Arten, Jung-
vögel, Nester und Eier
Schnellbestimm-System für 150
heimische Arten; Gliederung nach
Körpergröße, Körperstrukturen,
Gefiederkontrasten; Farbfotos
und alle wichtigen Kennzeichen.

Gabriele Colditz
Schmetterlinge
Wunderschöne heimische
Schmetterlinge in ihren verschiedenen Entwicklungsphasen –
dargestellt in brillanten, großformatigen Farbfotos, teils auch in
Großaufnahmen und in unge-
wöhnlichen Stimmungsfotos –
mit vielen interessanten Informationen.

Ute E. Zimmer / Alfred Handel
**BLV Tier- und Pflanzenführer
für unterwegs**
Bestimmungsbuch mit 550 Tier-
und Pflanzenarten, alle abgebil-
det auf naturgetreuen Farbfotos;
Merkmale, Vorkommen, Lebensweise, Entwicklung, Fortpflanzung,
Besonderheiten, Gefährdung.

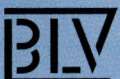